AF343264

DECLARATION DV ROY,

PORTANT QVE TOVTES LES ESPECES

d'or & d'argent, tant de France qu'estrangeres, soit de poids ou legeres, à la reserue des Loüis d'or & d'argent, Escus d'or, & de la Pistolle d'Espagne de poids, sont décriées; & que durant trois mois, les Loüis d'or & la Pistolle seront exposez pour onze liures, les Escus d'or pour cinq liures quatorze sols, & les Loüis d'argent pour trois liures six sols; aprés lequel temps lesdits Loüis, Escus d'or & Pistolles, ne seront plus exposez qu'au prix porté par les Declarations de sa Maiesté.

Registrée en la Cour des Monnoyes le 4. iour d'Auril 1652.

A PARIS,

Chez SEBASTIEN CRAMOISY, Imprimeur ordinaire du Roy, & de la Reyne, & de la Cour des Monnoyes.

M. DC. LII.

Auec Priuilege de sa Maiesté.

OVIS par la grace de Dieu Roy de France & de Nauarre : Nous auons par noſtre Declaration, donnée à Paris le onziéme iour de Decembre 1650. décrié de tout cours & miſe les Reaux d'Eſpagne fabriquez au Perou, pour empeſcher le ſurhauſſement de nos monnoyes, & les dommages & pertes que ſouffrent nos Su-iets, par l'introduction deſdits Reaux alterez de plus du quart dans leur fin ; & pour la com-

A ij

modité de nosdits Suiets, Nous auons permis par nostredite Declaration, l'exposition des autres Reaux pour leur prix ordinaire, côme aussi des Quarts d'Escu de poids. Mais la peine qui s'est trouuée à distinguer lesdits Reaux du Perou d'auec les autres, mesmes l'exposition des Quarts d'Escu à vingt & vn sol, & des autres especes d'argent, a fait que le peuple de son mouuement a surhaussé les bonnes monnoyes d'or & d'argent appellées Loüis : ce qui est venu à tel excés, que lesdits Loüis s'exposent communément à douze liures, & les Escus Loüis d'argent à trois liures dix sols, & les diminutions tant

d'or que d'argent à proportion;
ce qui fait que toutes les mar-
chandifes, & les menuës den-
rées qui feruent au menu peuple, augmentent tous les iours
à la ruine de nos Suiets. A quoy
eſtant neceſſaire de remedier,
& empeſcher que nos Suiets ne
furhauſſent nos monnoyes à
plus haut prix que celuy porté par noſtredite Declaration
du onziéme Decembre 1650.
Sçauoir faiſons, qu'aprés auoir
fait mettre cette affaire en deliberation en noſtre Conſeil,
de l'aduis de la Reyne noſtre
tres-honorée Dame & Mere,
& autres grands, & notables
perſonnages de noſtredit Conſeil, Nous auons décrié de tout

cours & mise tous les Reaux
d'Espagne, tant ceux du Perou
qu'autres, tous les Quarts d'Escu legers & de poids, Testons
& autres monnoyes blanches;
ensemble toutes les especes
d'or étrangeres, à la reserue des
Pistolles d'Espagne de poids :
Defendons l'exposition desdi-
tes especes dans nostre Royaume, païs, terres & Seigneu-
ries de nostre obeïssance, à peine de confiscation d'icelles, &
de mil liures d'amende: Faisant
tres-expresses inhibitions &
defenses aux Tresoriers, Receueurs & Comptables, & à
tous nos Officiers & Suiets,
d'exposer ny receuoir les Loüis
d'or, & Pistolles d'Espagne à

plus de dix liures , les Escus
d'or à plus de cinq liures quatre fols , & les Loüis d'argent
à plus de trois liures , & leurs
diminutions à proportion , à
peine de confiscation , & de
mil liures d'amende pour la premiere fois, & de punition corporelle pour la seconde. Et
neantmoins faisant considera-
tion de la perte que pourroient
faire nos Suiets tout à coup en
l'exposition de nos monnoyes,
Nous permettons de receuoir
pendant trois mois seulement,
les Loüis, & Pistolles d'Espagne
à onze liures , les Escus d'or à
cinq liures quatorze fols , & les
Loüis d'argent à trois liures six
fols , & les diminutions à pro-

portion : Et lesdits trois mois passez à commencer du premier Iuillet prochain, Nous en defendons l'exposition à plus haut prix que de dix liures les Loüis d'or, cinq liures quatre sols les Escus d'or, & trois liures les Loüis d'argent, & les diminutions à proportion. SI DONNONS en mandement à nos amez & feaux Conseillers les Gens tenans nostre Cour des Monnoyes, que ces presentes ils fassent registrer, & executer de poinct en poinct selon leur forme & teneur, sans souffrir qu'il y soit contreuenu : Car tel est nostre plaisir. Donné à Blois le vingt-troisiéme iour de Mars l'an de grace 1652. & de

nostre

noſtre regne le neufuiéme. Signé, LOVIS, & ſur le reply,
Par le Roy, DE GVENEGAVD,
& ſcellé du grand ſceau de cire
iaune ſur double queuë.

Et ſur le reply eſt encore écrit:

Leuës, publiées, & regiſtrées, oüy, &
ce requerant le Procureur General du
Roy, pour eſtre executées ſuiuant & aux
charges portées par l'Arreſt de ce iour. A
Paris en la Cour des Monnoyes, le 4.
iour d'Auril 1652. Signé, BOVLLÉ.

EXTRAICT DES REGISTRES
de la Cour des Monnoyes.

VEv par la Cour les Lettres paten-
tes du Roy en forme de Declaration à elle adreſſantes, données à
Blois, le vingt-troiſiéme Mars dernier,

B

fignées Lovis, & fur le reply, Par le Roy, de Gvenegavd, & fcellées du grand fceau de cire iaune fur double queuë : par lefquelles fa Maiefté pour les caufes y contenuës, décrie de tout cours & mife tous les Reaux d'Efpagne tant du Perou qu'autres, les Quarts d'écu legers & de poids, Teftons & autres monnoyes blanches, enfemble toutes les efpeces d'or eftrangeres, à la referue des Piftolles d'Efpagne de poids ; auec defenfes d'expofer lefdites efpeces décriées dans fon Royaume, pays, terres & feigneuries de fon obeyffance, à peine de confifcation, & de mil liures d'amende : faifant pareilles defenfes à toutes perfonnes, Treforiers, Receueurs & Comptables, & à tous fes Officiers & Suiets d'expofer ny receuoir les Louis d'or & Piftolles d'Efpagne à plus de dix liures, les Efcus d'or à plus de cinq liures quatre fols, & les Louis d'argent à plus de trois liures, & leurs diminutions à proportion, à peine de confifcation & de mil liures d'amende pour la premiere fois, & de punition corporelle pour la feconde : & neantmoins fa Maiefté

faifant confideration de la perte que
pourroient faire fes Suiets tout à coup
en l'expofition de fes monnoyes, per-
met de receuoir durant trois mois feu-
lement les Louis d'or, & Piftolles d'Efpagne à onze liures, les Efcus d'or à
cinq liures quatorze fols, & les Louis
d'argent à trois liures fix fols, & les diminutions à proportion : & lefdits trois
mois paffez à commencer du premier
Iuillet prochain defend d'expofer à plus
haut prix que de dix liures les Louis
d'or, cinq liures quatre fols les Efcus
d'or, & trois liures les Louis d'argent,
& les diminutions à proportion : man-
dant à ladite Cour faire regiftrer &
executer lefdites lettres de Declaration
de poinct en poinct felon leur forme &
teneur, fans fouffrir qu'il y foit contreuenu. Arreft du iour d'hier, par lequel il eft ordonné que ladite Cour deli-
berera inceffamment fur lefdites Lettres:
Conclufions dudit Procureur General.
La matiere mife en deliberation, oüy le
rapport du Confeiller à ce commis: Tout
confideré, LA COVR a ordonné, & ordonne que fur le reply defdites Lettres,

B ij

il sera mis qu'elles ont esté leuës , publiées, & regiſtrées, oüy , & ce requerant le Procureur General du Roy, pour
eſtre executées ſelon leur forme & teneur, à l'exception ſeulement des Quarts
d'Eſcu , Teſtons, Francs, & diminutions
deſdites eſpeces , qui ſe trouueront du
poids porté par les Ordonnances, dont
ſa Maieſté ſera tres-humblement ſup-
pliée de continuer le cours, & cependant
qu'il ſera ſurſis pour ce chef à l'execu-
tion de ladite Declaration. Ordonne en
outre ladite Cour, que les Maiſtres des
Monnoyes & Changeurs, receuront les
eſpeces legeres, & matieres d'or & d'argent, ſuiuant le prix porté par les derniers
Tarifs , & eualuations de ladite Cour;
leur enioignant de payer leſdites eſpeces,
& matieres d'or & d'argent, en eſpeces de
poids aux coins & armes de ſa Maieſté, &
au prix porté par les dernieres Declarations, ſçauoir en Eſcus d'or à cent quatre ſols, Loüis & double Loüis d'or à cent
ſols, & dix liures, & en Loüis d'argent à
trois liures, trente, quinze, & cinq ſols;
auec defenſes de les expoſer , & diſtri-
buer pour le payement deſdites matieres,

& especes legeres à plus haut prix, sur peine de la vie : Faisant aussi ladite Cour defenses à toutes personnes sur semblables
peines , de fondre , difformer ny trans-
porter hors le Royaume aucunes des-
dites Monnoyes décriées , ny aucunes
autres matieres d'or, d'argent , ou billon,
monnoyées , ou non monnoyées. Et à ce
qu'aucun n'en pretende cause d'ignoran-
ce , que le present Arrest auec lesdites
Lettres , seront leuës , publiées à son de
trompe & cry public, & affichées en cette
ville & faux-bourgs de Paris , és lieux ac-
coustumez à la diligence dudit Procureur General, & copies collationnées par
le Greffier de ladite Cour, enuoyées dans
les Prouinces pour estre pareillement publiées , & affichées dans les villes &
bourgs de ce Royaume, & registrées dans
tous les sieges des Monnoyes, Bailliages,
Preuostez, & Seneschaussées, à la diligē-
ce des Substituts dudit Procureur General, dont ils certifieront la Cour au mois.
Fait en la Cour des Monnoyes les Seme-
stres assemblez, le quatriéme iour d'Auril
mil six cens cinquante-deux.

Signé, BOVLLE'.

B iij

L'AN *mil six cens cinquante-*
deux, *le Vendredy cinquiéme iour*
d'Auril, *la Declaration du Roy*,
& *l'Arrest* cy - dessus de Nossei-
gneurs de la Cour des Monnoyes
ont esté leus, & publieZ à son de
trompe & cry public, aux Car-
refours & autres lieux, tant or-
dinaires qu'extraordinaires de cette ville & faux-bourgs de Paris,
par moy Charles Canto Iuré Crieur
ordinaire du Roy en ladite Ville,
Preuosté & Vicomté de Paris, en
la presence de Maistre Iean Gerin
premier Huissier en ladite Cour,
Iacques Blondel, & Michel Re-
bours Huissiers en icelle : faisant
laquelle publication, i'estois ac-
compagné de trois Trompettes,
Iean du Bos, Iacques le Frain,

& *Estienne Chappes dit la Cha-
pelle ; Iurez Trompettes de sa
Maiesté esdits lieux.* Signé,
CANTO, GERIN, BLONDEL,
& REBOVRS.

Collationné aux originaux par moy Con-
seiller Secretaire du Roy, Maison & Coû-
ronne de France & de ses Finances, Greffier en chef de la Cour des Monnoyes
soubsigné.